rowohlt rotfuchs

Bilder von

Dorothée Böhlke

Markus Osterwalder

Mit Bobo Siebenschläfer durch das Jahr

Rowohlt Taschenbuch Verlag

2. Auflage November 2020
Sonderausgabe
Veröffentlicht im Rowohlt Taschenbuch Verlag, Hamburg, November 2020

Covergestaltung any.way, Barbara Hanke / Cordula Schmidt
Coverabbildung Dorothée Böhlke
Satz aus der Dante MT bei Dörlemann Satz, Lemförde
Druck und Bindung Print Consult GmbH
Printed in Slovakia
ISBN 978-3-499-00491-9

Inhalt

Viel Spaß im Kindergarten!

Bobo geht einkaufen

Es ist Morgen. Bobo ist schon aufgewacht.

«Guten Morgen, Hasi», sagt er zu seinem Kuschelhasen.

Dann zieht Bobo sich seine Hose an.
Das kann er schon alleine.

Auf der Hose rutscht Bobo
die Treppe runter.
Das ist lustig
und geht schnell!

In der Küche sitzen Mama und Papa schon beim Frühstück. «Guten Morgen, Bobo!», begrüßen sie ihn.

Bobo klettert auf seinen Stuhl. Mama schenkt ihm einen Becher Kakao ein. Papa schmiert Bobo ein Marmeladenbrot.

«Heute wollen wir Sachen für den Kindergarten einkaufen», sagt Mama.

Schnell isst Bobo sein Frühstück auf. Dann kann es losgehen!

Alle Siebenschläfer ziehen ihre Jacken an. Sie wollen mit dem Bus ins Einkaufszentrum fahren.

Da kommt schon der Bus! Mama, Papa und Bobo steigen ein.

Bobo darf am
Fenster sitzen.

Dann sind sie im Einkaufszentrum.
Wie groß es hier ist!

Sogar ein Karussell ist in der Mitte aufgebaut.
Bobo möchte gern damit fahren.

«Erst mal kaufen wir ein», sagt Mama.
«Danach kannst du Karussell fahren.»

Im Laden darf sich Bobo einen schönen Rucksack aussuchen.
Er probiert ihn gleich an!

Dann braucht Bobo noch eine Trinkflasche und eine Brotdose.
Und ein Paar neue Hausschuhe.

«Jetzt Karussell fahren!»,
ruft Bobo.
Schon läuft er los.

Mama kauft drei
Karussellkarten für Bobo.
«Du darfst dreimal
fahren, Bobo», sagt sie.
«Mama und Papa gehen
kurz in die Apotheke.
Wir kommen
gleich wieder.»

Bobo fährt einmal
mit dem Motorrad …

… dann auf
der Rakete …

… und dann in
einem Jeep.

Jetzt sind die Fahrkarten alle. Aber Mama und Papa
sind noch nicht wieder da. Bobo guckt sich um.

Oh, da sitzt ja ein Mädchen und weint.
Bobo geht zu ihr.

«Warum weinst du?», fragt Bobo.
«Meine Eltern sind weg», sagt das Mädchen.

«Meine sind auch weg», sagt Bobo. «Komm, wir suchen sie.»

Bobo und das Mädchen nehmen sich an der Hand.
Jetzt fühlen sie sich nicht mehr so allein.
Dann gehen sie los.

Das Einkaufszentrum ist so groß! Und überall sind Leute! Wie sollen sie da ihre Eltern finden? Bobo bekommt ein bisschen Angst.

«Na, habt ihr eure Eltern verloren?», fragt eine freundliche Frau.
Bobo und das Mädchen nicken.

«Da drüben ist der Informationsschalter», sagt die Frau. «Ich bringe euch hin. Da helfen sie euch.»

«Wie heißt ihr denn?»,
fragt der Mann am Schalter.
«Bobo!», antwortet Bobo.
«Fatima», sagt das Mädchen.

Der Mann am Schalter spricht in ein Mikrophon: «Die Eltern von Bobo und Fatima möchten bitte ihre Kinder am Informationsschalter abholen.» Die Durchsage hört man überall im Einkaufszentrum.

Bobo und Fatima müssen nicht lange warten. Als Erstes kommen Fatimas Eltern angelaufen und umarmen ihre Tochter. Fatima ist sehr froh.

Und da sind auch schon Mama und Papa Siebenschläfer. «Du solltest doch beim Karussell auf uns warten, Bobo!», sagt Mama.

Bobo winkt Fatima zum Abschied zu. Dann gehen die Siebenschläfer zum Ausgang. «Das war ja ein aufregender Einkauf, nicht wahr?», fragt Papa.

Aber Bobo antwortet nicht.
Er ist in Papas Arm eingeschlafen.

Der erste Kindergarten-Tag

Bobo ist sehr aufgeregt: Heute ist sein erster Kindergarten-Tag!
Mama und Papa Siebenschläfer bringen ihn hin.

MAIENWEG

Bobos Freunde Alex und
Jeremy sind auch da.
Sie gehen schon
seit einem Jahr
in den Kindergarten.

Die Erzieherin heißt Larissa. Sie begrüßt alle Kinder.
«Hallo, Bobo», sagt sie. «Herzlich willkommen im Kindergarten.»

Bobo hängt seinen neuen Rucksack und seine Jacke an einen Haken.
Dann zieht er seine neuen Hausschuhe an.

Mama und Papa verabschieden sich.
«Viel Spaß, mein Schatz!», sagt Mama
und gibt Bobo einen Kuss.

Bobo winkt Mama und
Papa durch das Fenster zu.

Auf einmal fühlt er sich
ein bisschen allein.

Schnell holt er
seinen Hasen aus
dem Rucksack.

Jetzt geht es
ihm schon besser.

«Alle zum Morgenkreis kommen!», ruft Larissa. Alle Kinder setzen sich in einem großen Kreis auf den Boden. Bobo setzt sich neben Alex und Jeremy.

Alle Kinder singen zusammen
«Hallo, hallo, schön, dass du da bist.»
Bobo kennt das Lied noch nicht.

Aber er kann es
bald mitsingen.
Das macht Spaß!

Dann gibt es Frühstück.
Der Tisch ist schon
für alle gedeckt.

Bobo holt seine Brotdose
und die Trinkflasche
aus seinem Rucksack.

In seiner Dose sind ein Rosinenbrot mit Butter und ein paar Weintrauben. In der Flasche ist Wasser, das trinkt Bobo am liebsten.

Alex gibt Bobo eine von seinen Erdbeeren ab.
Dafür bekommt er von Bobo eine Weintraube.

Nach dem Frühstück dürfen alle Kinder draußen spielen.
Bobo läuft mit Jeremy und Alex los.

Auf dem Spielplatz vom Kindergarten gibt es einen
tollen Kletterturm und zwei Schaukeln.

Bobo traut sich noch nicht allein auf die Schaukel.
Er setzt erst mal seinen Hasen drauf.

«Soll ich dir Anschwung geben?», fragt Larissa.
«Ja!», ruft Bobo.

Bobo schaukelt hin und her.
Dabei streckt er seine
Beine vor und zurück.
«Du kannst ja schon ganz
allein schaukeln!», sagt Larissa.
Bobo freut sich.

Alex will Bobo drinnen etwas zeigen.
Zusammen laufen sie ins Haus.

Ein Kochherd! «Wollen wir etwas kochen?», fragt Alex.
«Ja, Suppe!», sagt Bobo.

Bobo spielt, dass er
Gemüse klein schneidet.

Alex legt alles in den Topf
und rührt die Suppe um.

Dann füllen sie zwei
Teller mit der Suppe und
spielen Mittagessen.

Wie lecker
die Suppe schmeckt!

Aber wo ist eigentlich
Bobos Hase?
Er ist plötzlich weg!

Bobo und Alex
suchen das ganze
Spielzimmer ab.

Aber Hasi ist
nirgendwo zu sehen.

Bobo läuft nach draußen. Da ist Larissa.
«Mein Hasi ist weg!», sagt Bobo.
«Wo hast du ihn denn zuletzt gesehen?», fragt Larissa.

Bobo überlegt. «Bei der Schaukel!», fällt es ihm wieder ein.

Bobo rennt zu den Schaukeln. Richtig, da liegt Hasi im Sand!
Bobo nimmt ihn schnell auf den Arm.

«Hast du Angst gehabt?», fragt er Hasi.
«Jetzt bin ich ja wieder da.»

Von der Suche
hat Bobo Hunger
bekommen.
Sogar sein
Magen knurrt!
Gut, dass es
gleich Mittag-
essen gibt.

Alle Kinder setzen
sich an den Tisch
und nehmen sich
an der Hand.

«Piep, piep, piep, guten Appetit!», rufen alle zusammen.
Bobo muss lachen.

Heute gibt es Nudeln mit Tomatensoße. Hmm!

Hasi bekommt
auch ein paar
Nudeln ab.

Nach dem Mittagessen bastelt Larissa
mit den neuen Kindern eine Krone.

Bobo bemalt seine Krone
mit Sternen und Monden.

Auf einmal sind Mama und Papa da. Sie wollen Bobo abholen.

«Das ist ja eine schöne Krone!»,
staunt Mama.
Dann verabschieden sie
sich von Larissa.

«Na, wie war dein erster Kindergarten-Tag?», fragt Papa auf dem Nachhauseweg. Aber Bobo antwortet nicht.

Er ist schon in seinem Buggy eingeschlafen.

Das neue Kind

Nanu, was macht Bobo denn da?
Er spielt seinem Hasen ein Theaterstück vor.

«Hallo, hallo, schön, dass du da bist», singt Bobo.

«Komm, Bobo, Zeit für den Kindergarten», sagt Mama.

Bobo packt Hasi
noch schnell
in seinen Rucksack.
Dann ist er fertig.

Mama bringt
Bobo in den
Kindergarten.
«Hallo, Larissa!»,
ruft Bobo.

Schnell verabschiedet er sich von Mama.
Der Morgenkreis fängt gleich an!

Larissa stellt ein
neues Kind vor.
Aber das ist ja
Fatima!

Fatima freut sich,
dass sie Bobo schon kennt.
Sie setzt sich neben ihn
auf den Boden.

Jetzt singen alle wieder «Hallo, hallo, schön, dass du da bist!».
Bobo singt ganz laut mit.

Fatima kennt das Lied noch nicht.
«Morgen kannst du es auch», sagt Bobo.

Nach dem Morgenkreis und dem Frühstück nimmt Bobo Fatima an die Hand. «Komm, ich zeig dir alles», sagt er.

«Aber erst Hausschuhe ausziehen. Und die Jacken nicht vergessen!», ruft Larissa hinter ihnen her. Ach ja, richtig!

Draußen zeigt Bobo Fatima die Rutsche und den Kletterturm …

… und auch die Schaukeln. Fatima kann schon ganz allein schaukeln.
Bobo nimmt die Schaukel daneben.

Jetzt muss Fatima mal auf
die Toilette. «Ich zeig dir,
wo das ist», sagt Bobo.

Fatima mag die Tür nicht abschließen.
Bobo passt so lange auf, dass niemand kommt.

Draußen fängt es an zu regnen. Darum liest Larissa den Kindern eine schöne Geschichte vor.

Bobo und Fatima setzen sich ganz dicht nebeneinander. Jeremy und Alex kommen auch dazu. Wie gemütlich es im Kindergarten ist!

Nach dem Vorlesen bastelt Larissa mit den Kindern Papiergirlanden. Dafür holt sie buntes Papier, Scheren und Klebestifte.

Bobo schneidet viele Streifen buntes Papier und klebt daraus Ringe. Das wird eine tolle Girlande!

Dann werden die Girlanden ans Fenster gehängt.
Das sieht schön aus!

Jetzt ist Zeit zum Mittagessen. Fatima setzt sich mit Bobo zu Jeremy und Alex. Heute gibt es Reis mit Gemüse und Hackbällchen.

Fatima mag keine Erbsen.

Bobo mag keine Mohrrüben.
Die bekommt Hasi.

«Kann ich mal
mit deinem
Hasen spielen?»,
fragt Fatima
nach dem Essen.

«Na gut», sagt Bobo.

Fatima nimmt Hasi auf den Arm.
Dann läuft sie mit ihm ins Spielzimmer.

Bobo läuft hinterher. Aber Fatima ist nirgends zu sehen.
Und Hasi auch nicht.

«Sag mal piep!», ruft Bobo.

«Piep!», macht es hinter dem Bücherregal.

Da haben sich Fatima und Hasi also versteckt!

Fatima lacht.
Jetzt möchte Bobo seinen Hasen aber wiederhaben.

Schnapp!, nimmt er Hasi und läuft los.

Als nächstes versteckt Bobo sich mit Hasi.
Fatima muss suchen.

Wo ist Bobo nur?
Fatima guckt hinter der Tür …

… und unter dem Tisch mit der Spielzeug-eisenbahn.

Sogar zwischen den Bilderbüchern schaut sie nach.

Da guckt doch ein Hasenohr zwischen den Kissen hervor!

«Hallo, Bobo!», sagt Papa und zupft an einer Kissenecke.
Ist denn schon Abholzeit?

Auch Fatimas Mama ist gekommen.

«Tschüs, Bobo, bis morgen!», ruft Fatima.
Aber Bobo antwortet nicht.

Er ist mit seinem Hasen gemütlich auf den Kissen eingeschlafen.

Der Ausflug

Heute macht sich Bobo aber schon früh für den Kindergarten fertig!
Noch vor Mama und Papa ist er ins Bad geschlichen.

Als Erstes geht Bobo
auf die Toilette.

Danach wäscht er sich die Hände …

… und das Gesicht.

Er drückt ein bisschen Zahn-
pasta auf die Zahnbürste …

… und putzt sich die Zähne.

Jetzt noch abtrocknen …

… fertig!

Schnell anziehen …
… und jetzt noch die Badesachen einpacken:

ein Handtuch und eine Badehose.
Heute macht Bobo nämlich
einen Ausflug!

Aber wo steckt Hasi? Ist er etwa schon wieder weg?
Nein, da liegt er ja unter der Schublade.

Papa bringt Bobo in den Kindergarten. «Tschüs, Papa!», ruft Bobo
und läuft schon los. Er kann es kaum erwarten.

«Guten Morgen, Bobo», sagt Larissa.
«Hast du dein Handtuch und eine Badehose dabei?»
Bobo nickt.

Da ist Fatima.
Sie hat auch ihre Badesachen dabei.

Nach dem Frühstück geht es los.
Alle Kinder stellen sich zu zweit auf.
Bobo und Fatima nehmen sich an der Hand.
Jeremy und Alex gehen vor ihnen.

Zuerst gehen sie an einer großen Wiese entlang.

Auf der Wiese spielen Hunde.

Dann müssen sie ein Stück am See gehen.
Da ist ein Segelboot!

Im Wasser schwimmen Enten und Schwäne.

Schließlich sind sie da. Mitten im Park
gibt es ein großes, flaches Wasserbecken.
Darin kann man baden!

Genau das Richtige für so einen schönen Sommertag wie heute.
Alle Kinder breiten ihre Handtücher auf dem Rasen aus.

Bobo zieht sich schnell seine Badehose an.

Fatima möchte sich nicht vor den anderen Kindern umziehen.
Bobo hält ihr das Handtuch fest.

Jetzt aber hinein ins Wasser.
Hui, wie das spritzt!

Fatima spielt, dass sie ein Fisch ist.

Ein Junge hat ein kleines
Boot mitgebracht und lässt
es schwimmen.

«Darf Hasi mal mit dem Boot fahren?», fragt Bobo.

Hasi darf. Bobo setzt ihn vorsichtig ins Boot.

Dann gibt er dem Boot einen kleinen Schubs.

Oh nein, die Wellen haben Hasi aus dem Boot geworfen!
Jetzt ist er ganz nass.

«Den legen wir in die Sonne, dann trocknet er bald», sagt Larissa.

Bobo legt Hasi auf sein Handtuch. Dann legt er sich daneben.
Er will sich auch ein bisschen in der Sonne aufwärmen.

Fatima setzt sich neben Bobo. Ihr ist auch kalt geworden.

Hinter dem Planschbecken
steht ein kleiner Eiswagen.
«Wer möchte ein Eis
essen?», fragt Larissa.
«Ich!», rufen alle Kinder.
Larissa lacht.

Dann darf sich jedes Kind
eine Kugel Eis aussuchen.
Larissa bezahlt.

Wie herrlich, so ein Kindergarten-Ausflug!

Schließlich ist es Zeit für den Rückweg.
Sie gehen vorbei am See …

… vorbei an
der Wiese …

… und hinein in den Kindergarten.

Bobo und Fatima machen es sich in der Kuschelecke gemütlich.

Sie schauen sich zusammen ein Buch an.
Hasi darf auch mitgucken.

Mama Siebenschläfer ist gekommen.
Sie möchte Bobo abholen.

«Bobo, kommst du?»,
ruft sie. Aber Bobo
antwortet nicht.

Er und Fatima sind gemütlich
in ihrer Kuschelecke eingeschlafen.

Draußen ist es schön!

Sommerzeit ist Beerenzeit

Heute ist ein richtig schöner Sommertag!

Die ganze Familie Siebenschläfer ist im Garten.

Papa pflückt Johannisbeeren von den Sträuchern.

Bibi schläft in ihrem Kinderwagen im Schatten.

Mama repariert den
kaputten Sonnenschirm.
Der braucht ein neues Seil.
Und was macht Bobo?

Bobo hockt auf dem
Rasen. Er hat sich
eine Lupe mit in den
Garten genommen.
Mit der will er kleine
Tiere beobachten.

Da sind Ameisen …

… eine kleine Spinne …

… und ein Käfer.
Er ist beinahe golden.

«Hallo, Bobo!», ruft es
von der Gartentür.
Fatima ist da! Sie möchte
mit Bobo spielen.

Fatimas Eltern sind
auch gekommen.
Sie haben eine Schüssel
Erdbeeren mitgebracht.

Mama Siebenschläfer und Fatimas Eltern
setzen sich an den Gartentisch.

«Wollt ihr mir beim
Johannisbeerenpflücken helfen?», fragt Papa.
«Wenn wir genug zusammenhaben,
mache ich uns daraus Saft.»

Prima Idee! Bobo und Fatima
setzen sich die Schüsseln wie
Ritterhelme auf den Kopf.

Dann gehen sie auf Beerenjagd.

Schließlich sind beide Schüsseln voll. «Wie schön rot die leuchten», sagt Bobo.

Ein paar wollen Bobo und Fatima natürlich gleich essen.

«Was sind das für Beeren?»,
fragt Fatima und deutet
auf die kleinen grünen Kugeln
an einem anderen Busch.

«Das sind Stachelbeeren», erklärt Papa.
«Die könnt ihr auch gern pflücken.»

Bobo hat seine Lupe geholt.
«Die Stachelbeeren
haben Fell», sagt er.

Fatima schaut auch
durch die Lupe.
«Eine kleine
Raupe!», ruft sie.
«Die hat fast
genauso ein Fell
wie die Beeren.»

Papa nimmt die Schüsseln mit in die Küche. Eine kleine Portion Johannisbeeren stellt er schon mal auf den Tisch. Mama hat Schlagsahne geholt.

Bobo und Fatima machen eine kleine Pause. Sie essen Erdbeeren mit Schlagsahne und schmücken sie mit Johannisbeeren.

Plötzlich tippt jemand Bobo auf die Schulter. Jeremy ist gekommen! Er hat seinen Fußball mitgebracht.

Seine Eltern haben einen kleinen Korb mit Heidelbeeren dabei. «Habt ihr die auch in eurem Garten gepflückt?», will Bobo wissen. «Nein, die haben wir auf dem Markt gekauft», antwortet Jeremy.

Jeremys Eltern setzen sich zu den anderen
Erwachsenen an den Tisch. Mama holt noch ein
paar Teller und Löffel. Papa bringt kleine
Tortenböden. Erst kommt Sahne darauf,
dann die verschiedenen Beeren. Wer mag,
kann noch etwas Zucker darüberstreuen.
Fatima macht sich ein Törtchen mit allen Beeren.
Wie sommerlich das aussieht!

Dann wollen Bobo,
Fatima und Jeremy
Fußball spielen.
Aus der Gießkanne
und einem Eimer
bauen sie sich
ein Tor.

Bobo will der Torwart sein.

Fatima und Jeremy
sind die Stürmer.

«Toooor!», ruft Fatima.

Dann wechseln sie sich ab. Jetzt ist Fatima im Tor und Bobo und Jeremy schießen.

«Hallo, Bobo!», ruft es am Gartentor. Alex ist zu Besuch gekommen! Er will gleich mit Fußball spielen.

Alex' Eltern haben eine Schüssel Himbeeren mitgebracht. «Die haben wir gerade im Garten gepflückt!», sagen sie.

Papa bringt noch mehr Geschirr heraus. Und einen großen Krug frischen Johannisbeersaft.

«Ich glaube, jetzt haben wir alle Sommerbeeren beisammen!», lacht Mama.

Die Kinder toben mit dem Ball über den Rasen.
Sie spielen und spielen …

«Mir ist so heiß!», stöhnt Bobo auf einmal.
«Mir auch!», sagen Fatima, Alex und Jeremy.

«Ich habe eine Idee»,
sagt Mama. Sie zieht den
Rasensprenger auf den Rasen
und stellt das Wasser an.

«Ja, ein Springbrunnen!»,
jubelt Bobo.
Mit Anlauf springt er
mitten durch das Wasser.

«Ich auch!», ruft Fatima.
Sie hält ihren Kopf ins Wasser.
Das kitzelt an der Nase!

Alex lässt sich so richtig nass regnen.
Das Wasser ist herrlich kühl. Es glitzert
wie Diamanten in der Sonne.

Und Jeremy
macht sogar einen
Hechtsprung!

Langsam wird es Abend.
Die Eltern sitzen am Gartentisch
und unterhalten sich.

Bobo und seine Freunde liegen in der Hängematte.
Papa hat sie mit einer Wolldecke zugedeckt.
Jetzt schaukeln sie sanft hin und her.
Was für ein herrlicher Sommertag das war!

«Möchtet ihr noch etwas essen?»,
fragt Mama und schaut in die Hängematte.
Doch niemand antwortet.

Bobo, Fatima, Jeremy und Alex sind gemütlich
beim Schaukeln eingeschlafen.

Eine Höhle im Wald

Heute machen Bobo und Mama einen Ausflug in den Wald. Bibi darf bei Papa zu Hause bleiben.

Zuerst fahren sie ein
Stück mit Mamas Fahrrad.
Bobo sitzt hinten drauf.

Dann stellen sie
das Fahrrad ab und
gehen zu Fuß in den
Wald hinein.

Im Wald ist es ganz kühl.
Und es riecht so gut nach Erde.
Ein Rotkehlchen fliegt
vor ihnen her.

Es setzt sich auf einen Ast
und singt ganz laut. «Es begrüßt uns
in seinem Wald!», sagt Bobo.

Ein Kuckuck ruft.
Bobo zählt,
wie oft er ruft:
«Eins – zwei – drei –
vier – fünf …»

«Schau mal,
das Eichhörnchen»,
sagt Mama.
Bobo sieht, wie das
kleine rote Tier
einen Baum
hinaufflitzt …

… und dann mit einem Satz
auf den Nachbarbaum
hinüberspringt.

Am Wegrand liegen ein paar Baumstämme auf dem Boden.
«Ich bin ein Eichhörnchen!», ruft Bobo und klettert auf den Stamm.
Langsam balanciert er darauf entlang.

Am Ende springt er hinüber
auf den nächsten. «Toll gemacht,
Bobo!», sagt Mama.

Sie gehen noch ein Stück
weiter, bis sie eine schöne
Lichtung erreichen. Hier blühen
Waldblumen wie ein Teppich
aus Weiß und Grün.

Mama setzt sich
auf einen
Baumstumpf.

«Ich baue mir eine Höhle!», ruft Bobo. Auf dem Boden zwischen den Bäumen sucht er nach langen Ästen.

Die lehnt er wie ein Zelt an einen Baum.

Puh, dieser Ast ist ganz schön schwer!

Nun sind es aber genug Äste.
Bobo krabbelt in seine Höhle.
Zwischen den Ästen scheint die Sonne
hinein. Das sieht schön aus.

Jetzt möchte
Bobo es in seiner
Höhle aber
noch etwas
gemütlicher
haben.

Ein dicker Ast ist seine Bank.
Davor kommt noch ein flacher
Stein als Tisch.

Ein Borkenstück ist ein Teller.
Ein paar Eichelhütchen sind
seine Tassen.

Dann sammelt Bobo
noch Blumen und schöne
Gräser auf der Wiese.

Die legt er auf die Borke.
«Jetzt kannst du mich besuchen
kommen, Mama!», sagt Bobo.

Mama schaut
in die Höhle hinein.
«Guten Tag, kleiner
Herr Siebenschläfer.
Sie haben es
aber schön hier»,
sagt Mama.

«Du musst dich auf meine Bank setzen», sagt Bobo. «Ich habe uns einen leckeren Salat gemacht.» – «Hhhhm!», sagt Mama. Zusammen spielen sie, dass sie Bobos Salat essen.

Jetzt hat Bobo aber wirklich Hunger bekommen. Mama bringt den Korb in Bobos Höhle. Sie essen Pfirsiche und belegte Brote und trinken Wasser.

Da ist ja das
Rotkehlchen
wieder!
«Das möchte
auch mitessen»,
sagt Bobo.

Er wirft dem Vogel
ein paar Brotkrumen hin.

Schnell hat das Rotkehlchen
die Krumen aufgepickt.
Dann fliegt es davon.

Nach dem Picknick möchte Bobo mit Mama
Verstecken spielen. Mama muss zählen.

Bobo versteckt sich hinter einem großen Baum.

«Ich komme!», ruft Mama.

«Hab dich schon!»

Jetzt will Bobo zählen,
und Mama versteckt sich.
Bobo hält sich die
Augen zu und
zählt bis 10.

«Ich komme!», ruft er.
Aber wo ist Mama?

Überall sieht Bobo
nichts als Bäume.
Auf einmal kommt ihm
der Wald sehr groß vor.

«Mama?!», ruft er laut.

«Hier bin ich!»,
ruft es ganz in der
Nähe. Mama schaut
aus Bobos Höhle
heraus.

Jetzt möchte Bobo aber
nicht mehr spielen.
Er und Mama pflücken lieber
noch einen bunten Strauß
aus Blumen und Gräsern
und Farnblättern.

Dann machen sie sich
auf den Rückweg.
Das Rotkehlchen singt
ganz laut. «Pass gut
auf meine
Höhle auf»,
sagt Bobo.

Auf einmal bleibt Mama stehen.
«Schau, ein Hase!», flüstert sie.
Tatsächlich, zwischen den
Bäumen steht ein richtiger Hase.
Er hat die Ohren aufgestellt und
schaut sie mit großen Augen an.
Bobo nimmt Mamas Hand.

Da dreht sich
der Hase um und
springt davon.

Schließlich sind
sie wieder bei
ihrem Fahrrad
angekommen.

«Das war ein schöner Waldausflug, oder, Bobo?»,
sagt Mama, als sie
nach Hause fahren.

Aber Bobo
antwortet nicht.
Er ist im Fahrradsitz
eingeschlafen.

Zelten am See

Heute fahren Bobo und Jeremy mit ihren beiden Papas zum Zelten.

Bobo und Jeremy helfen,
das Auto zu packen.

Das Zelt muss natürlich mit.

Und Luftmatratzen.
Und eine Luftpumpe.

Außerdem vier Schlafsäcke.
Und Badesachen, na klar!

Jetzt geht es los. Mama winkt. «Viel Spaß!», ruft sie.

An der Tankstelle kauft
Jeremys Papa noch einen
Sack Feuerholz.
Und Bobos Papa kauft für
sich eine Zeitung.

Die Fahrt dauert nicht lange.
Der Zeltplatz liegt direkt an einem kleinen See.

Zuerst pumpen Bobo und Jeremy
eine Luftmatratze auf.

Papa bläst die Schwimmflügel auf.

Jetzt aber ab ins Wasser!
Bobo und Jeremy
schieben die Luftmatratze
in den See.

Das Wasser ist herrlich! Bobo und Jeremy strampeln kräftig mit den Beinen. So schwimmen sie vorwärts.

Jeremy springt von der Matratze ins Wasser.

Bobo traut sich auch.

Sie spielen, dass die Luftmatratze ihr Schiff ist
und dass sie eine einsame Insel gefunden haben.

Am Ufer liegen schöne Steine. Das sind die Juwelen,
die sie vor den Piraten verstecken müssen.

Bobo und Jeremy suchen sich ein
Versteck hinter der umgestürzten Tanne.
Davor ist die Erde weich.
Hier vergraben sie ihren Schatz.

«Wir müssen noch
ein Zeichen dalassen,
damit wir unser Versteck
wiederfinden», sagt Jeremy.
Bobo überlegt.

Dann hat er eine Idee.
Er nimmt einen spitzen Stein und ritzt
zwei Striche in die Rinde der Tanne.
«Einen Strich für mich und einen
für dich, Jeremy», sagt er.

Bobos Papa hat seine
Zeitung fertig gelesen.
Aus den Zeitungsblättern
hat er vier Boote gefaltet.
Die setzt er jetzt
auf das Wasser.

«Mal sehen, welches am schnellsten ist», sagt Jeremy. Er nimmt einen Stock und wirft ihn vor das eine Boot ins Wasser.

Durch die Wellen bekommt das Boot einen Schubs und schwimmt voran.

Bobo und die Papas suchen auch Stöcke. Sie werfen sie in Richtung der Boote.

Jetzt wackeln die Boote
aber ordentlich.
«Sie gehen unter!»,
schreit Bobo.

«Wir müssen sie retten!»,
ruft Jeremy, und zusammen
springen sie ins Wasser.
Mit Händen und Füßen
machen sie kräftige Wellen,
auf denen die Boote
bis zum Ufer hüpfen.

Bobo und Jeremy sammeln flache Steine
und lassen sie über das Wasser springen.

Sie klettern auf einen Felsen
und springen ins Wasser.

Und lassen sich in der Sonne trocknen.

Die Väter haben schon
das Zelt aufgebaut.

Bobo und Jeremy
helfen dabei, eine Grube
im Sand zu schaufeln.
Da hinein kommt
das Feuerholz.

Jeremys Papa zündet das Feuer an.

«Jetzt brauchen wir noch Stöcke für unser Stockbrot», sagt er. «Hurra, Stockbrot!», ruft Bobo. Er liebt es, sein Brot im Feuer zu rösten.

Jeremy und Bobo rennen los und suchen vier lange Stöcke.

Es gibt Brot und Würstchen und sogar Marshmallows.
Die werden jetzt auf die Stöcke gesteckt.

Bobo und Jeremy sitzen mit ihren Vätern um das Feuer herum
und halten ihre Stöcke ins Feuer.

Langsam wird es dunkel. Die Sterne kommen heraus. «Das ist der Große Wagen», sagt Bobos Papa und deutet auf ein Sternbild. «Aber man nennt ihn auch den Großen Bären.»

«Ich nenne ihn den großen Siebenschläfer», sagt Bobo. Darüber muss Jeremy so lachen, dass er Schluckauf bekommt.

Das Feuer brennt langsam herunter.
Bobos Papa bringt die Luftmatratzen ins Zelt.

Jeremys Papa streut Sand auf die Glut.

«Jetzt gehen wir schlafen», sagt er. Aber niemand antwortet.

Bobo und Jeremy
sind gemütlich
im warmen Sand
eingeschlafen.

Ein Tag in den Bergen

Familie Siebenschläfer ist in die Berge gefahren.
Oma und Opa sind auch dabei.

Heute wollen sie alle zusammen
eine Wanderung machen.
Bobo trägt seinen Hasen
in einem Rucksack.

Er hat auch feste Schuhe angezogen und einen Hut auf dem Kopf gegen die Sonne.

Papa will Bibi
in einem Tragesitz
vor dem Bauch
tragen.

Zuerst fahren sie alle mit der Gondel den Berg hinauf.

«Schau mal, Hasi, wie hoch wir fliegen!», sagt Bobo und hält Hasi ans Fenster. Von hier oben kann man die Berge und Täler sehen.

«Siehst du den Bach da unten, Bobo?», fragt Oma. «Dahin wandern wir.»

Als die Gondel angehalten hat, steigen alle aus.
Was für ein schöner Ausblick! Die Berge leuchten in der klaren Luft.

Nun wandern sie los.
Vorn gehen
Oma und Mama.

Dann kommt
Bobo mit Opa.

Und hinten geht
Papa mit Bibi.

Was bimmelt denn da?
Bobo läuft voraus. Hinter der
Kurve sieht er eine Wiese.

Darauf stehen Kühe.
Sie tragen große Glocken
um den Hals.

Eine Kuh streckt ihren
Kopf durch den Zaun.
Sie hat große Augen mit
langen Wimpern.

Opa pflückt Gras und
gibt es Bobo. «Willst du sie
mal füttern?», fragt er.

Bobo hält der Kuh das Gras hin.

Sie nimmt es mit
den Lippen und kaut.
«Es schmeckt ihr!»,
sagt Bobo.

Oma hat für Bobo eine Überraschung dabei: ein kleines Fernglas! Da hindurch sieht alles ganz nah aus, auch die Blumen.

Hier wachsen ganz andere Blumen als zu Hause: roter Mohn und blauer Enzian und rosa Primeln.

Nach einer Weile kommen sie zum Bergbach. Er gurgelt und gluckert zwischen den Steinen. Und da ist sogar ein kleiner Wasserfall!

Hier machen sie Rast. Bobo holt Hasi aus dem Rucksack.
Der hat bestimmt auch Durst.

Bobo hat vom Wandern
ganz warme Füße.
Die will er sich im
Wasser abkühlen.

Vorsichtig steigt er
in den Bach.

«Uuuh, das Wasser
ist aber kalt!», ruft er.
«Es kommt auch direkt aus
dem Berg», erklärt Opa.

Oma und Mama haben
sich auch die Schuhe
ausgezogen. Jetzt steigen
alle drei im Bach herum.

Huch! Bobo ist ausgerutscht!
Er rudert mit den Armen
in der Luft und …

… landet
Platsch!
im Wasser!

«Na, jetzt bist du
wenigstens
schön abgekühlt»,
lacht Mama.

Bobo lässt seine Sachen in der Sonne trocknen.
Währenddessen zeigt Opa Bobo, wie man einen Blumenkranz bindet.

Alle Siebenschläfer bekommen einen Kranz.
Oma macht ein Foto von ihnen.

Nach einer Weile gehen sie weiter.
Der Weg steigt jetzt an.

Schließlich kommen sie zu einer Bergalm.
Bobo hört etwas bimmeln – ob es hier auch Kühe gibt?

Nein, auf der Wiese grasen Ziegen mit kleinen Glöckchen.

Auf der Alm gibt es auch ein kleines Gasthaus. Dort kann man etwas zu essen bestellen. Hier machen die Siebenschläfer Mittagspause.

Bobo bekommt
ein Glas kühle Milch
und ein dunkles Brot
mit Ziegenkäse.

Bibi bekommt Brei
aus dem Glas.

Nach dem Essen läuft
Bobo zu den Ziegen.
Die darf man streicheln.

Papa kommt mit Bibi dazu.
Bibi darf die Ziege
auch einmal streicheln.
Das gefällt ihr!

Auf der Alm gibt es
auch Gänse ...

... und ein paar Katzen,
die in der Sonne schlafen.

Nach der Mittagspause wollen
die Siebenschläfer wieder zurück
zur Gondel gehen.

Bobo hat aber keine
Lust mehr zu wandern.
Seine Füße tun ihm weh.

«Na, komm, ich trage
dich ein Stück», sagt Opa.
«Hurra!», ruft Bobo.

Opa nimmt Bobo
auf die Schultern.
Dann marschiert Familie
Siebenschläfer los.

«Du hast jetzt
die beste Aussicht,
Bobo», sagt Mama.
Aber Bobo
antwortet nicht.

Er ist auf
Opas Schultern
eingeschlafen.

Drinnen ist was los!

Die Prinzessin und der Bär

Heute ist es draußen aber ungemütlich.
Es regnet, und der Wind fegt die
Blätter von den Bäumen.

Wie gut, dass Bobo
drinnen so viel zu tun hat!

Bobo ist mit
Mama Siebenschläfer
auf dem Dachboden. Mama
will alte Kleider aussortieren.
Bobo hilft ihr dabei.

Neben dem Schrank
steht eine große Truhe.
Was da wohl drin ist?

Bobo macht
den Deckel auf.

«Oh, schau mal, Mama! Hier sind noch mehr Kleider», sagt Bobo.
Mama wirft einen Blick in die Truhe.
«Das sind Sachen von Oma und Opa», sagt Mama.
«Die geben wir nicht weg.»

Bobo zieht ein paar
Kleider aus der Kiste.
«Die sind aber lustig!»,
sagt er.

«Die hat Oma mal zum Fasching getragen», sagt Mama und setzt sich eine Perücke auf. Bobo nimmt einen großen Hut.

Dann zieht er sich eine bunte Jacke an.

Mama und Bobo stellen sich vor den Spiegel. Sie müssen beide lachen, so lustig sehen sie aus!

Jetzt hat Bobo eine Idee: «Ich spiele Verkleiden!», sagt er. «Ich brauche aber alle Sachen aus der Kiste.»

«Na gut», sagt Mama. «Du kannst sie einfach die Treppe runterwerfen. Und dann bringen wir sie gleich in dein Zimmer.»

Das lässt Bobo sich nicht zweimal sagen. Nach und nach fliegen Kleider, Hüte und Perücken die Dachbodentreppe hinunter.

Hasi fliegt mit und landet unten weich – was für ein Spaß!

Bobo und Mama
tragen alles in
Bobos Zimmer.

Hurra,
Jeremy ist
zum Spielen
gekommen!
«Wir spielen
Verkleiden!»,
ruft Bobo.

Bobo und Jeremy
probieren alles
Mögliche an.
Bobo nimmt eine
glitzernde Hose und
setzt sich einen Hut
mit Blumen
auf den Kopf.

Jeremy schlüpft in einen gestreiften Mantel, setzt sich
eine braune Perücke auf den Kopf und dazu noch eine dicke Brille.
«Huh, du siehst richtig unheimlich aus!», findet Bobo.

Am besten gefallen Bobo das lange Blumenkleid und der große Strohhut. «Du siehst aus wie eine feine Dame!», lacht Jeremy. «Ich bin aber eine Prinzessin», erklärt Bobo.

Jeremy hat sich einen Pelzmantel übergezogen. «Ich bin ein wilder Bär!», ruft er.

Bobo und Jeremy
schleppen Kissen aus dem
Wohnzimmer herbei.

Damit bauen sie eine
Höhle für den Bären.

Und über Bobos
Bett kommt ein
Bettlaken – das ist
das Schloss für
die Prinzessin.

«Soll ich euch ein bisschen schminken?», fragt Mama.
«Oh ja!», rufen Bobo und Jeremy.

Mama malt Bobo lange Wimpern und einen roten Mund. Und ein paar Glitzersterne auf die Wangen.

Jeremy bekommt ein dunkles Gesicht und eine schwarze Bärennase.

Später kommen Jeremys Eltern. Sie wollen noch zum Abendbrot bleiben.

«Gleich gibt es eine Theateraufführung!», rufen Bobo und Jeremy aufgeregt.

Jeremy heißt die Zuschauer herzlich willkommen.
«Sehen Sie jetzt das aufregende Abenteuer von Prinzessin Boboline
und dem wilden Bär!», ruft er mit tiefer Stimme.

Dann verschwindet er hinter dem Kissenberg.
Nur ein Stück Zylinder ist zu sehen.

Bobo reitet als Prinzessin auf ihrem Pferd durch den Wald.

«Oh, das ist aber ein großer Wald!», sagt Bobo und schaut sich im Zimmer um.

«Und es ist noch soo ein weiter Weg bis zu meinem Schloss. Ich mache mal eine kleine Pause.» Er steigt von seinem Pferd.

«Groah!», macht es hinter den Kissen. «Ich bin der wilde Bär», ruft Jeremy, «und fresse am liebsten Prinzessinnen!»

«Wie gut, dass ich gerade zaubern gelernt habe», sagt Bobo und setzt sich schnell seinen Hut auf. Dann zieht er seinen Zauberstab hervor.

«Simsalabim – und dreimal schwarzer Kater –, ich verzaubere dich in ein kleines Baby!», ruft die Prinzessin und schwenkt ihren Zauberstab.

Tatsächlich: Jeremy-Bär wirft seinen Pelz ab, und darunter kommt ein kleines Baby zum Vorschein. «Oh, da ist ja Bibis Schnuller», lacht Papa. «Den habe ich schon gesucht.»

«So, dann komm, kleines Baby», sagt Bobo. «Du kannst ja nicht allein hier im Wald bleiben.» Und er hilft Jeremy auf sein Pferd.

Gemeinsam reiten sie
nun zum Schloss.

«Bravo!», rufen Bobos und Jeremys Eltern und klatschen laut.
Bibi klatscht auch mit. Jeremy und Bobo verbeugen sich.

Jeremys Eltern schauen sich die Verkleidungen an. Sie probieren ein paar Kopfbedeckungen aus. Bobos Eltern machen gleich mit.

Und Bobo und Jeremy setzen sich auch noch ein paar schicke Hüte auf.

Bunt verkleidet sitzen schließlich alle am Abendbrottisch.
Aber nein – wo ist denn Bobo?

Der hat sich in das Bärenfell gekuschelt und ist gemütlich eingeschlafen.

Möchtest du dich auch als Bär oder als Prinzessin verkleiden? Das ist gar nicht so schwer. Vielleicht lässt du dir von einem Erwachsenen dabei helfen.

Das braucht die Prinzessin:

- Schminke, z. B.: schwarzen, silbernen oder goldenen Kajalstift, roten oder rosa Lippenstift, Wimperntusche, blauen Lidschatten
- alte Kleidungsstücke von deinen Eltern oder Großeltern, z.B. ein langes Kleid, einen hübschen Hut, Damenschuhe, Schmuck.

Und so geht's:

- Zieh dir ein langes Kleid von deiner Mama oder deiner Oma an. Es darf ruhig so lang sein, dass es wie eine Schleppe hinter dir herschleift. Wenn du willst, kannst du darunter Damenschuhe mit Absätzen tragen, aber Vorsicht: Damit ist das Gehen ziemlich schwierig!
- Aus einem Haarreif lässt sich mit Alufolienstücken eine prima Prinzessinnenkrone basteln.
- Nun lässt du dir von einem Erwachsenen beim Schminken helfen: Mit Wimperntusche bekommst du schöne lange Wimpern, mit Lippenstift einen roten oder rosa Mund, mit dem Kajalstift silberne oder goldene Sterne auf die Wangen. Auch blauer Lidschatten sieht toll aus.

- Zuletzt lässt du dir mit Kajalstift noch eine kleine Krone auf die Stirn malen, damit auch jeder gleich sieht, dass du eine Prinzessin bist! Male die Krone mit Lidschatten aus, und verziere sie mit kleinen gemalten Sternen oder Kreisen, damit es aussieht wie Diamanten.

Das braucht der Bär:

- Schminke: schwarzen und braunen Kajalstift, möglichst dunkles Make-up
- eine braune Fell- oder Wollmütze, einen alten Pelzmantel oder eine wuschelige Wolldecke.

Und so geht's:

- Setze eine braune, möglichst wuschelige Mütze auf, und zieh dir einen alten Pelzmantel an, den du dir vielleicht von deinen Großeltern ausleihen darfst. Falls du keinen Pelzmantel hast, kannst du auch eine wuschelige Wolldecke nehmen, die du dir über die Schultern legst.

- Nun lässt du dir von einem Erwachsenen beim Schminken helfen: Male vom Nasenrücken einen großen Kreis um deinen Mund herum. Auch um die Augen malst du je einen Kreis. Die Innenseiten dieser Kreise bleiben hell, den Rest des Gesichts schminkst du möglichst dunkel.
- Deine Nasenspitze wird nun mit einem Kajalstift schwarz angemalt. Ebenso die Mulde zwischen Nase und Mund und zum Schluss deine Lippen – fertig!

Basteln mit Musik

Hui, heute ist es aber wieder stürmisch draußen!

Bobo und Fatima laufen schnell
zu Fatimas Haus.

Die beiden wollen
heute nämlich basteln.
Dafür haben sie sich
richtige Schätze von
draußen mitgebracht.

Schnell ziehen sie
ihre Jacken aus …

… und hängen sie am
Garderobenhaken auf.

Dann tragen sie ihre Tüten an den großen Tisch.

Fatimas Mama hat schon Zeitungspapier ausgebreitet. Ein Ring aus Styropor liegt auch da. Den wollen Bobo und Fatima mit ihren Fundsachen bekleben.

So viele schöne Sachen!
Es gibt Kastanien und Eicheln, rote Hagebutten,
bunte Blätter und sogar ein paar Stöcke.

Bobo hat noch einen kleinen Beutel mit Kieselsteinen
von der Auffahrt hereingebracht.

Jetzt geht es aber los. Mit Kleber werden die schönsten Kastanien, Eicheln und Beeren auf den Kranz geklebt – ganz dicht aneinander, bis keine Lücke mehr zu sehen ist.

«Das habt ihr wirklich toll gemacht», sagt Fatimas Mama. «Den Kranz hängen wir uns an die Haustür.»

«Welches Band sollen wir nehmen?», fragt sie.

Fatima sucht ein grünes Geschenkband aus. Das bindet sie mit Bobo an den Kranz.

Dann tragen sie den
Kranz vorsichtig zur Tür.

Mama hängt ihn
an den Haken.
Wie hübsch
das aussieht!

Bobo und Fatima wollen noch mehr basteln.

Sie basteln lustige Tiere aus ihren Schätzen:

Sie drücken die Kastanien aneinander, bis der Kleber dazwischen gut hält. Puh, das dauert! Trotzdem haben sie bald:

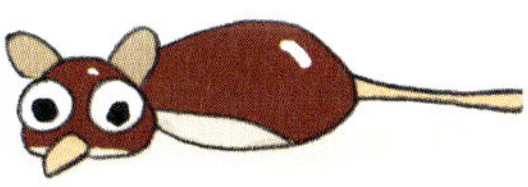

eine Maus,

einen Hund,

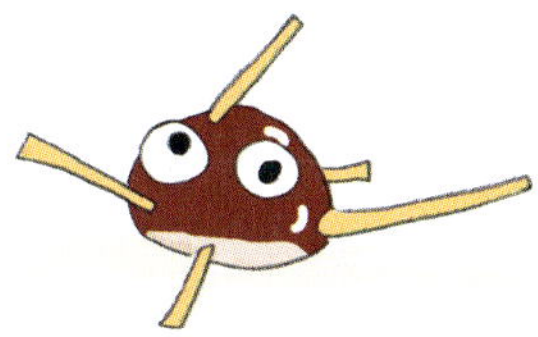

eine Spinne,

einen Tausendfüßler,

ein Rennauto

und einen Igel gebastelt.

Der Igel bekommt eine Höhle aus Blättern; das Auto eine Garage aus Stöckchen.

Was macht Fatima denn da? Sie hat sich Nadel und Faden geholt …

… und zieht bunte Blätter, Beeren und Hagebutten auf.

Dann bindet sie das Ende des Fadens an einen Stock. Ein Mobile! «Ich mache mit!», sagt Bobo.

Zusammen basteln sie das Blättermobile fertig. «Wie hübsch! Das kannst du deinen Eltern mitbringen, Bobo», sagt Fatimas Mama. «Gleich wirst du abgeholt.»

Schade, jetzt müssen Bobo und Fatima aufräumen. Aber wohin mit den ganzen Schätzen?

In der Küche suchen sie nach Behältern.

Die leere
Müsli-Papprolle
könnte auch gehen.

Bobo füllt seine
kleinen Steine in
die Papprolle.

Deckel drauf – fertig!

Das rasselt aber toll!

Fatima füllt Kastanien
und Eicheln in einen Topf.

«Haha, wie laut das klappert!», ruft sie.

Bobo läuft um den Tisch herum und schüttelt seine Rassel. «Hu-ja-ja-ja, hu-ja-ja-ja!», ruft er dabei.

Fatima nimmt sich zwei Topfdeckel …

… und läuft hinter Bobo her. Nach jedem «Hu-ja-ja-ja» von Bobo schlägt sie die Topfdeckel gegeneinander.

Bobos Papa ist gekommen.
«Ihr macht wohl einen
Regentanz», lacht Fatimas Mama.
«Geht es vielleicht etwas leiser?»

«Hu-ja-ja-ja», flüstert Bobo
und schüttelt seine Rassel
ganz vorsichtig.

«Komm, Bobo, wir müssen los», sagt Papa.
«Mama wartet mit Bibi im Auto.»

«Die Rassel kannst du
auch behalten», sagt Fatimas Mama.
Fatima bringt das Mobile.

«Und den
Kastanienigel auch!»,
sagt Fatima.
Bobo freut sich.
So viele
schöne Sachen!

«Tschüs, Fatima!», ruft Bobo aus dem Auto.
Dann fährt Papa los.

«Na, hast du Spaß gehabt, Bobo?», fragt Papa nach einer Weile.
Aber Bobo antwortet nicht.

Er ist gemütlich neben Bibi eingeschlafen.

Mit Kastanien, Eicheln, Hagebutten und bunten Blättern lassen sich tolle Sachen basteln. Versuch es mal!

Für ein Mobile brauchst du:

schöne, bunte Blätter

Hagebutten oder rote, harte Beeren

Nadel und Faden

einen Stock

hübsches Band.

Und so geht's:

Lass dir von einem Erwachsenen einen langen Faden in die Nadel fädeln, und verknote das Ende des Fadens. Schiebe die Nadel mit dem Faden dann vorsichtig durch das erste Blatt; mit etwas Abstand folgt dann das zweite Blatt und so weiter. Zwischen den einzelnen Blättern kannst du hier und da eine Hagebutte oder eine rote Beere aufziehen. Wenn du genügend Blätter oder Beeren aufgefädelt hast, knotest du den Faden am Stock fest. Dann geht es wieder von vorn los. Für ein hübsches Mobile sollten es mindestens drei Fäden mit Blättern sein. Wenn du einen langen Stock hast, natürlich auch mehr.

Zum Schluss befestigst du ein hübsches Band an deinem Stock, damit du dein Mobile aufhängen kannst.

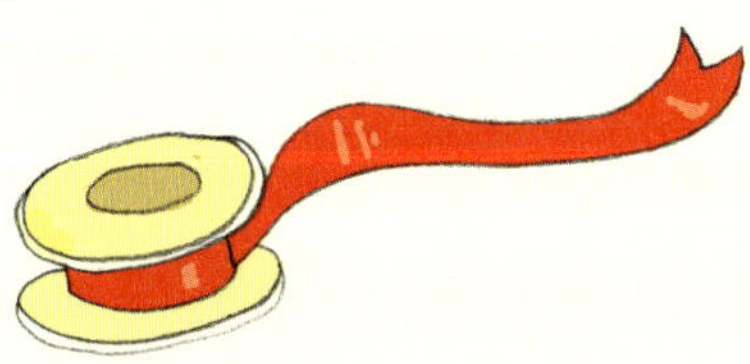

Für die lustigen Tiere brauchst du:

Kastanien
Eicheln
Tannenzapfen

dickflüssigen Kleber
Streichhölzer
Papier, Papierschere
einen schwarzen Filzstift.

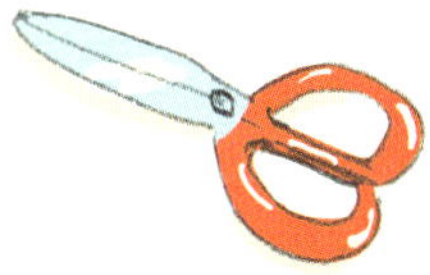

Und so geht's:

Lass dir von einem Erwachsenen kleine Löcher in die Kastanien und Eicheln bohren, dann kannst du deine Tiere mit Streichhölzern zusammenstecken. Wenn ihr keinen Bohrer habt, verwendest du Kleber (lass den Kleber dann gut trocknen). Hier sind ein paar Beispiele, was du basteln kannst:

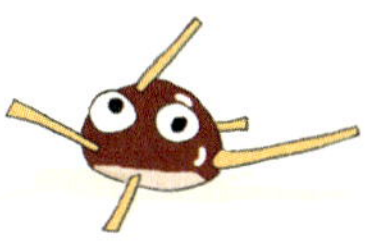

Spinne

Rennauto

Tausendfüßler

Hund

Igel

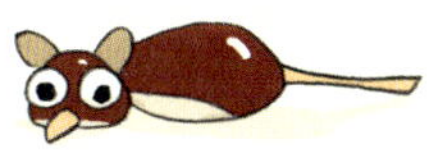

Maus

Zum Schluss schneidest du kleine Papierkreise aus und malst mit dem Filzstift einen dicken Punkt hinein. Dann klebe die Augen auf die Köpfe deiner Tiere.

Heute wird es bunt!

Heute ist Bobo bei seinem Freund Alex zu Besuch.
In Alex' Zimmer wird tapeziert!

Eine Wand ist ganz weiß geblieben. Die dürfen Bobo und Alex heute bunt anmalen!

Dafür ziehen sie sich beide ihre Malerkittel an.

Es gibt Wachsmalstifte, bunte Farbtöpfe und Pinsel in verschiedenen Größen.

Bobo weiß schon genau, was er malen will: seinen Hasen! Dafür zeichnet er erst mit einem Stift die Hasenform auf die Wand.

Dann nimmt er sich den Topf mit der blauen Farbe und einen Pinsel.

Wusch! Wusch!, geht der Pinsel. Bald ist der ganze Hase blau.

«Du kannst ja gar nichts
sehen, Hasi», sagt Bobo.
Na klar, das Gesicht
muss Bobo natürlich
auch noch malen!

Mit der schwarzen Farbe
pinselt er zwei Augen …

… mit dem roten Stift
den Hasenmund.

Dann malt Bobo noch
mit gelber Farbe
eine große Sonne
über den Hasen.
«So, jetzt hast du es
schön warm», sagt er.

Alex hat einen
Baum gemalt.

«Da male ich jetzt noch rote Äpfel rein», sagt er zu Bobo.
«Oh ja, dann hat Hasi gleich etwas zu essen!», lacht Bobo.

Zusammen malen sie noch grünes Gras
als Wiese und bunte Blumen …

«Fertig!», rufen Alex und Bobo.
«Oh, das ist ein sehr schönes
Wandbild!», sagt Alex' Mama.
«Und fast so bunt wie ihr!»

Stimmt, Bobo und
Alex sind ganz schön
bunt bekleckst.

«Mit den Tapeten bin ich auch bald fertig», sagt Mama.
Mit dem dicken Pinsel streicht sie Kleister auf ein Tapetenstück …

… dann klebt sie es
neben die anderen
an die Wand.

Es klingelt an der Haustür.
«Ich komme gleich wieder»,
sagt Mama und läuft nach unten.

«Wir machen schon mal
weiter», sagt Alex.
Er legt ein neues Stück
Tapete auf den Tisch …

… und verteilt den Kleister darauf, wie er es bei seiner Mama gesehen hat.

Dann heben Bobo und Alex die Tapete hoch, um sie an die Wand zu tragen.

Oje, ein Stück klebt an Bobos Kittel fest!

Geschafft! Die Tapete ist wieder ab, und Alex hält sie an die Wand. «Wir brauchen einen Stuhl!», sagt er.

Bobo zieht einen Stuhl unter dem Laken hervor und schiebt ihn zu Alex hinüber.

Zusammen drücken sie die Tapete an die Wand.

Hm, irgendwas stimmt da nicht …
«Oh nein, was habt ihr denn gemacht?», ruft Alex’ Mama.

Schnell zieht sie das Stück Tapete wieder ab.
«Wir wollen auch tapezieren!», sagt Alex.
Aber das erlaubt seine Mama nicht.

Sie gibt ihnen lieber ein langes Stück
Tapete, das übrig ist. Das dürfen Bobo
und Alex bemalen.

Alex und Bobo
breiten die Tapete auf
dem Boden aus.

«Wir malen uns
eine Straße»,
schlägt Bobo vor.

«Ja! Und dann lassen wir
unsere Spielzeugautos darauf
fahren!», sagt Alex.

Dann nehmen sie Pinsel
und Farbe und malen eine
laaaaaange Straße.

Neben die Straße kommen Häuser …

… und Bäume …
und Menschen …

… und sogar ein
kleiner Hund!

Alex hat seine Autos geholt.
Oh, die Farbe ist noch nicht ganz trocken!
Die Autos hinterlassen lustige Spuren auf der Straße.

Alex fährt mit dem Auto
über seine Beine – jetzt sind da
zwei grüne Spuren.

Bobo
nimmt ein
Schweinchen …

… und drückt die Pfoten
in einen roten Farbklecks.

Dann lässt er das Schweinchen
über seinen Arm hüpfen.
Jetzt hat er rote Punkte!

Alex nimmt
ein Känguru.

Er hüpft damit
durch die blaue Farbe …

… und danach einmal quer
über sein Gesicht!

Bobo muss so lachen,
dass er auf ihre
Straße kippt.

Jetzt ist er von vorn
ganz bunt.

«Haha, ich auch!», ruft Alex
und wälzt sich hin und her.
Bobo und Alex kugeln sich vor Lachen.

«Na, hier ist ja was los!» Alex' Papa ist da.
«Ich glaube, ihr beide geht euch jetzt mal waschen.
Und danach gibt es Abendbrot.»

Alex und Bobo ziehen sich im Badezimmer die schmutzigen Kittel aus. Alex' Papa wirft sie gleich in die Waschmaschine.

Am Waschbecken schrubben sich Bobo und Alex kräftig mit Seife ab. Das Wasser wird ganz bunt!

Jetzt noch abtrocknen …

… dann laufen sie die Treppe runter. Bobo und Alex haben Hunger!

In der Küche dürfen sie sich auf die Bank setzen.

Alex' Mama kocht Kakao, sein Papa belegt Brote. «Gleich gibt es was für saubere Handwerker!», sagt Mama.

Was hat Alex' Papa denn da für lustige Brote geschmiert? Lauter Gesichter sind darauf!

Bobo und Alex essen alles auf!

«Schaut mal, der Mond hat heute aber eine schöne Sichel», sagt Alex’ Mama plötzlich. Aber Bobo und Alex antworten nicht.

Sie sind satt und zufrieden auf der Küchenbank eingeschlafen.

Hast du auch Lust, ein besonderes Abendbrot zuzubereiten? Das ist ganz einfach. Und macht Spaß!

<u>*Du brauchst:*</u>

Brotscheiben

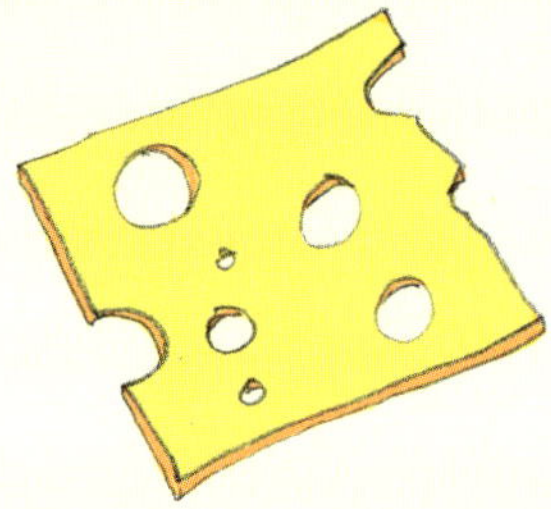

Als Unterlage:

Frischkäse oder Käsescheiben

Für die Gesichter:

- Cocktailtomaten
- Wurstscheiben
- gekochte Eier
- Oliven
- Gurken
- Paprika
- Feldsalat oder Kresse.

Und so geht's:

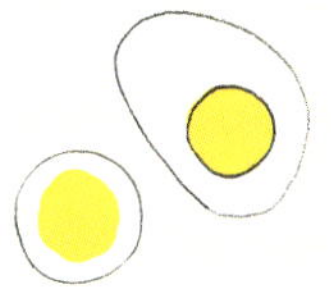

Als Erstes bestreichst du die Brotscheiben mit Frischkäse, oder du belegst sie mit einer Scheibe Käse. Dann gestaltest du lustige Gesichter.
Als Haare kannst du Salatblätter oder Kresse verwenden.
Als Augen nimmst du Gurkenscheiben, halbierte Tomaten oder halbierte gekochte Eier. Besonders toll sieht es aus, wenn du auf die Gurkenscheiben oder halben Eier noch je eine Scheibe Olive legst.

Als Nase kannst du ein Stück Paprika nehmen, eine Olive, eine halbe Tomate oder eine halbe Gurkenscheibe.
Und als Mund legst du z. B. eine durchgeschnittene Scheibe Wurst, ein Stück Paprika, oder eine rote halbierte Tomate darauf.

Bestimmt fallen dir aber noch andere leckere Brotgesichter ein.

Guten Appetit!

So ein Theater!

Hurra, Bobos Freunde kommen!
Bobo hat schon auf sie gewartet.

Heute wollen Fatima, Alex und Jeremy nämlich alle bei Bobo übernachten. Darum haben sie auch ihre Schlafsäcke mitgebracht.

Fatima hat ihren Teddy dabei.

Und Alex seinen Kuschel-Dino.

Jeremy hat sogar sein Kissen mit. «Ohne das kann ich nicht schlafen», sagt er.

Bobos Eltern haben in Bobos Zimmer
vier Matratzen ausgelegt.

Fatima springt mit
einem Satz darauf.
«Ein Trampolin!»,
ruft sie.

Wie ein Hase hüpft sie über die Matratzen.
Alex, Bobo und Jeremy machen gleich mit. Das macht Spaß!

Alex schießt
einen Purzelbaum.

Bobo versucht sogar einen
Handstand … oh, wie wackelig!

Bums.

Macht nichts,
die Matratze ist
ja weich.

Nach einer Weile wollen die Kinder etwas anderes spielen. Aber was?

Schließlich laufen sie die Treppe hinunter, um Bobos Eltern zu fragen.

Im Wohnzimmer hängen Papa und Mama Siebenschläfer gerade neue Vorhänge auf.

Alex schaut sich die
alten Vorhänge an.

Dann legt er sich einen Vorhang um die
Schultern, wie einen langen Umhang.

«Ich bin ein König!», sagt er und stolziert mit langen Schritten
im Wohnzimmer herum.

Fatima ist ganz
unter eine Gardine
geschlüpft.
«Huhu, ich bin ein
Gespenst!», ruft sie und
breitet die Arme aus.

Jeremy hat sich auch
einen Vorhang umgelegt.
Und was macht Bobo?

Er krabbelt mit unter
Jeremys Vorhang …

… und hält sich
dann an Jeremys
Hüfte fest.

«Ja, wir spielen
Pferd!», ruft Jeremy.
Zusammen stolzieren
Jeremy und Bobo durch
das Wohnzimmer.

«Kann ich auf
dem Pferd
reiten?», fragt
Fatima.

Jeremy und Bobo
bleiben stehen.
Vorsichtig klettert
Fatima auf
Bobos Rücken.

«Hü!», ruft Fatima.
Schon marschiert
das Pferd los.

Bobo kommt unter
dem Vorhang ganz schön
ins Schwitzen.
Fatima zu tragen
ist schwer.

«Jetzt muss das Pferd sich aber mal ausruhen!», ruft er.

Wie lustig –
das Pferd hat sich hingesetzt!
Fatima rutscht von
seinem Rücken.

Dann streichelt sie Bobo.
«Braves Pferdchen», sagt sie.

«Und was spielen wir jetzt?», fragt Fatima.

«Ihr könnt euch ja mit einem Vorhang ein Puppentheater bauen», schlägt Papa vor. Das ist eine tolle Idee, finden Bobo und seine Freunde. Sie wollen sofort anfangen.

Als Erstes holen Alex und Jeremy zwei Stühle und stellen sie mit etwas Abstand voneinander auf.

Dann legen Fatima und Bobo den Besenstiel dazwischen …

… und zum Schluss kommt der Vorhang darüber – fertig!

«Jetzt brauchen wir Puppen», sagt Bobo. Schnell laufen die Freunde die Treppe hinauf in Bobos Zimmer.

Mit dem Arm voller Puppen und Stofftiere kommen sie wieder zurück.

Fatima, Jeremy und Alex setzen sich hinter den Vorhang und halten die Puppen und Tiere über die Stange.

Bibi steht in ihrem Laufstall und schaut zu. «Da!», ruft sie aufgeregt. Bestimmt möchte sie mitspielen.

Bobo hat eine Idee.
Er klettert zu seiner Schwester in den Laufstall …

… und hängt Bibis
Kuscheldecke über
das Gitter.

Dann hält er
seinen Hasen
über den Rand.
Jetzt hat Bibi
ihr eigenes
Puppentheater.

Dann gibt er Bibi
die Giraffe.

Die anderen haben ein kleines Stück eingeübt. Die Puppe und der Teddy lernen nämlich einen wilden Dino kennen.

Erst erschrecken sie sich …

… aber der Dino hatte nur einen Stachel in seinem Fuß und brauchte Hilfe …

… und am Ende sind die drei sogar Freunde geworden.

Als das Stück zu Ende ist, klatschen Papa und Mama.

Alex, Fatima und Jeremy kommen hinter dem Theatervorhang hervor und verbeugen sich.

«Wie fandest du unser
Stück, Bobo?»,
will Fatima wissen.
Aber Bobo
antwortet nicht.

Er ist gemütlich in Bibis
Laufstall eingeschlafen.

Fröhliche Weihnachten, Bobo Siebenschläfer!

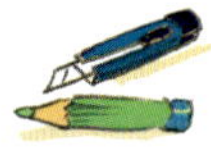

Bobos Adventskalender

Was machen Bobo und Papa Siebenschläfer denn da?
Sie schauen aus dem Küchenfenster. Die Bäume sind kahl.
Es ist Ende November.

Da kommt die Postbotin angefahren.

Bobo und Papa gehen zu ihr nach draußen.

Die Postbotin hat ein neues Fahrrad.
«Möchtest du mal darauf sitzen?», fragt sie Bobo.

Das möchte Bobo gern! Papa hilft ihm auf den Sattel.
Klingeling!, macht die Fahrradklingel.

Jetzt muss die Postbotin aber weiter.
Vorher gibt sie Papa Siebenschläfer noch die Post.

Bobo darf die Werbeprospekte ins Haus tragen.

Zwischen den Briefen liegt ein Zettel. Papa runzelt die Stirn.
«Wir müssen zur Post gehen, Bobo. Da liegt ein Paket für uns», sagt er.

Papa holt sein Fahrrad. Bobo freut sich: Er liebt es, hinten auf dem Kindersitz mitzufahren.

Nur noch den
Helm aufsetzen –
und fertig!

Hui! Papa und Bobo sausen den Hügel hinunter!

Vor der Post schließt Papa das Fahrrad an.
Dann gehen sie hinein.

Am Postschalter darf Bobo den Zettel abgeben.

Die Beamtin holt ein großes Paket. Sie muss um den Schalter herumgehen, damit Papa und Bobo es nehmen können.

Bobo und Papa tragen das Paket zusammen.

Aber wie sollen sie mit dem großen Paket Fahrrad fahren?
«Wir müssen schieben», sagt Papa.

Papa und Bobo
gehen zu Fuß
nach Hause.
Das Paket darf auf
Bobos Kindersitz
mitfahren.

Zu Hause packen Bobo und Papa das Paket aus.
Darin ist ein großer Fotokalender für das nächste Jahr.

Papa hat eine Idee: «Wollen wir zusammen einen Adventskalender basteln?», fragt er Bobo. «Oh ja!», ruft Bobo. Er liebt basteln.

Papa und Bobo holen alle Sachen, die sie zum Basteln brauchen: eine große Pappe, Transparentpapier, ein scharfes Messer, Filzstifte und einen Klebestift.

Papa schneidet mit dem scharfen Messer
24 Öffnungen in die Pappe.

Dann klebt er das Transparentpapier auf die Pappe.

Jetzt darf Bobo ein großes Haus auf die Pappe malen.
Die Öffnungen sind die Fenster.

Bobo malt auch Bäume. Und einen Mond.
Das wird ein schönes Bild!

Dann darf Bobo alle Türchen schließen.

Papa malt 24 Zahlen darauf.

Nun wird der Kalender noch am Fenster aufgehängt.
Fertig!

Da kommt Mama nach Hause. Sie hat eingekauft.

«Oh, das ist aber ein schöner Adventskalender!», staunt sie. «Hast du das Bild gemalt, Bobo?» Aber Bobo antwortet nicht.

Er ist zwischen all den Bastelsachen am Tisch eingeschlafen.

Möchtest du auch einen Adventskalender basteln?
Gemeinsam mit einem Erwachsenen
schaffst du es genau wie Bobo!

Das brauchst du:

1 große Pappe (etwa DIN A3)
buntes Transparentpapier
scharfes Messer
Filzstifte (Edding) und Buntstifte
Klebestift
Locher
Band zum Aufhängen

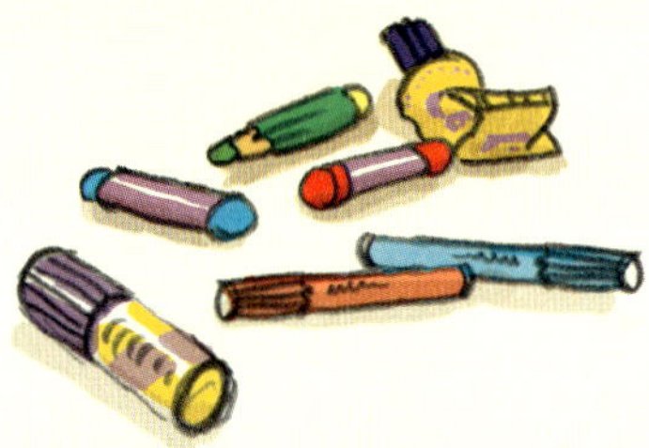

Und so geht es:

1. Bitte einen Erwachsenen, mit dem Messer 24 unterschiedlich große Türchen in die Pappe zu schneiden. Dabei werden drei Seiten eines Vierecks in die Pappe geschnitten, die vierte Seite bleibt ganz. Für das Türchen der 24 kann man auch ein Doppelfenster schneiden. Dazu bleiben die Seiten rechts und links ganz, und die Tür wird noch einmal in der Mitte durchgeschnitten.

2. Dann legt ihr das Transparentpapier oder mehrere verschieden bunte Transparentpapiere hinten auf die Pappe und klebt die Papiere mit einem Klebestift fest.

3. Jetzt kannst du die Vorderseite der Pappe mit den Buntstiften bemalen. Denk dir ein schönes Bild aus, das über die ganze Pappe geht! Vielleicht ein Haus mit vielen Fenstern, wie Bobo es gemacht hat. Oder einen weihnachtlichen Wald. Oder was immer dir einfällt.

4. Danach malst du noch in jedes Fenster mit Filzstift ein kleines Bild auf das Transparentpapier, zum Beispiel einen Stern, ein Herz, einen Tannenbaum oder was du möchtest.

5. Nun werden alle Fenster fest zugedrückt und mit den Zahlen 1–24 beschrieben. Achtet darauf, dass die Zahlen möglichst nicht nebeneinanderstehen, damit man ein bisschen suchen muss.

6. Zum Schluss drückst du oben in den Adventskalender mit dem Locher rechts und links zwei Löcher in die Pappe und knotest das Band daran. Jetzt könnt ihr euren Kalender aufhängen!

Ein Adventskranz aus dem Wald

Heute ist Sonntag.
Mama muss viel am Schreibtisch arbeiten.
Bobo langweilt sich.
«Vielleicht geht Papa ja mit dir spazieren», sagt Mama.

«Das ist eine gute Idee», sagt Papa.
«Ich will nur noch ein bisschen lesen.
Gleich gehen wir spazieren.»

Bobo wartet. Wie lange dauert «gleich»?

«Jetzt bin ich fertig», sagt Papa. «Wollen wir in den Wald gehen?»
«Ja!», ruft Bobo.

Nur noch schnell anziehen. Draußen ist es kalt!
Bobo setzt sich die warme Mütze auf. Den Schal bindet Papa ihm um.

Sie nehmen den Buggy mit, falls Bobo später müde wird.
Dann gehen sie in den Wald.

«Ein Eichhörnchen!», ruft Bobo.
Siehst du es auch?

Bobo findet ein paar schöne Tannenzapfen. Papa hat Kastanien entdeckt.

Jetzt kommt die kleine Brücke über dem Bach. Bobo hält sich am Geländer fest.

«Sieh mal, Bobo, ein Reh!», flüstert Papa. Bobo steht ganz still, damit er das Tier nicht erschreckt.

Jetzt hat das Reh sie doch bemerkt.
Hui, springt es zwischen den Bäumen davon.

Bobo und Papa gehen weiter. Hier stehen aber viele Tannen.
«Das ist eine Baumschule», sagt Papa.
Ob die Bäume hier wohl etwas lernen?

Da ist auch der Förster. Er hat viele Tannenzweige auf seinem Traktor.
«Möchtest du ein paar Zweige haben, Bobo?», fragt er.

Bobo freut sich. Er legt die Zweige unten in den Buggy.
«Daraus können wir einen Adventskranz basteln», sagt Papa.

Das ist eine tolle Idee! Bobo möchte schnell nach Hause fahren.

Papa schiebt Bobo
und die Zweige. Dabei
singen sie ganz laut
«O Tannenbaum,
o Tannenbaum,
wie grün sind
deine Blätter ...»

Dann sind sie
wieder zu Hause.

Bobo legt die Zweige draußen auf den Gartentisch.
Papa holt die Gartenschere und Draht.

Papa sucht zwei lange Äste aus. Bobo hält die Zweige aneinander.
Jetzt kann Papa sie mit Draht verbinden.

Jetzt verbinden sie noch die beiden anderen Enden,
sodass ein Kreis entsteht.

Nun schneidet Papa von den anderen Ästen kleine Zweige ab.
Bobo legt sie auf den Kreis, und Papa bindet sie mit dem Draht fest.
Der Kranz wird immer dicker.

Bobo steckt vier Kerzenhalter in den Kranz.
Das ist gar nicht so leicht.

Zum Schluss schmücken Bobo und Papa ihren Kranz noch
mit den Tannenzapfen und Kastanien. Fertig!

So ein schöner Adventskranz!
«Damit werden wir Mama überraschen!», sagt Papa.

Bobo und Papa schleichen sich ins Haus.
Mama sitzt immer noch am Schreibtisch und arbeitet.

In der Küche decken Bobo und Papa leise den Abendbrotstisch.

Der Adventskranz kommt in die Mitte.

«Mama, Abendbrot!», ruft Bobo.
Mama dreht sich um. «Ich komme», sagt sie.

«Oh, was für ein schöner Adventskranz!», staunt Mama.
«Sogar die erste Kerze brennt.»

Bobo findet das Abendbrot bei Kerzenschein
richtig gemütlich.

Nach dem Essen klettert er auf Mamas Schoß.
Die Kerze auf dem Adventskranz brennt hell.

Mama und Papa singen «Leise rieselt der Schnee …».
«Sing auch mit, Bobo», sagt Mama. Doch Bobo antwortet nicht.

Er ist glücklich auf Mamas Schoß eingeschlafen.

Einen Adventskranz zu basteln, ist gar nicht so schwer. Gemeinsam mit einem Erwachsenen kannst du es genauso gut wie Bobo!

Das brauchst du:

2–3 lange Tannenzweige
(möglichst Nordmann-Tannen,
die sind weich und piken nicht)
einige kleinere Tannenzweige
Gartenschere
Blumendraht
4 Kerzenhalter
4 schöne rote Kerzen
Tannenzapfen, Kastanien oder
anderen Schmuck

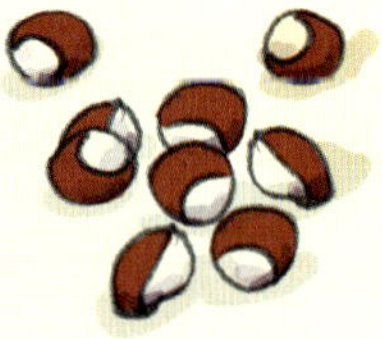

Und so geht es:

1. Die 2–3 langen Tannenzweige aneinanderlegen und die Enden und Spitzen mit Draht zusammenbinden, sodass ein Kreis entsteht.
2. Aus den anderen Tannenzweigen schneidet ein Erwachsener mit der Gartenschere viele kleinere Tannenstücke ab. Damit kannst du deinen Kranz «ausstopfen». Dann noch einmal mit Draht umwickeln.
3. Ganz zum Schluss steckst du möglichst viele ganz kleine Tannenzweige in den Kranz, damit er ein bisschen «puschelig» aussieht.
4. Jetzt kannst du die Kerzenständer in den Kranz stecken und die Kerzen daraufstellen.
5. Am Ende schmückst du deinen Kranz noch mit Tannenzapfen oder Kastanien, wie Bobo, oder aber mit Weihnachtsschmuck, kleinen Spielsachen oder was dir so einfällt.

Der Nikolaus kommt!

Heute ist Nikolaustag.
Es wird schon früh dunkel.

In Bobos Zimmer brennt Licht.
Was Bobo wohl gerade macht?

Wir schauen mal ins Fenster hinein.
Ja, da ist Bobo!

Er blättert
in einem dicken
Spielzeug-
Katalog.

Daraus schneidet er alles aus, was ihm gefällt.

Mit einem Klebestift klebt er die Bilder auf ein Blatt Papier.
Das wird Bobos Wunschzettel!

Jetzt ist das Blatt voll.
Bobo ist zufrieden
mit seinem Bild.

Er faltet das Blatt
zusammen …

… und malt
einen Tannenzweig
darauf.

Dann legt Bobo seinen Wunschzettel auf das Fensterbrett.
Dort kann das Vögelchen den Brief abholen.

Jetzt möchte Bobo aber zu Mama und Papa gehen.
Hmmm, was riecht denn hier so gut?

Mama und Papa backen Weihnachtskekse.
Bobo möchte auch mitmachen!

Bobo klettert auf seinen Stuhl.
Mama hat den Teig auf dem Tisch ausgerollt.

Bobo nimmt das Sternenförmchen.
Er drückt die Form in den Teig.

Jetzt steckt der Teig im Förmchen fest.

«Komm raus, Teig», sagt Bobo.

Huch, so war das aber nicht gemeint!

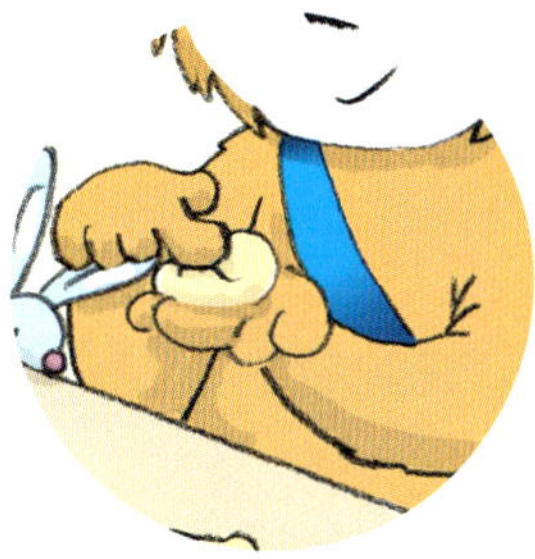

Bobo knetet lieber
seine eigene Form.
Er legt sie auf
das Backblech.

Mama schiebt
das letzte Blech
in den Ofen.
So viele Kekse!

Aber was
hat Papa
denn da?

Papa bringt eine ausgehöhlte Rübe für den Laternenumzug.
Jetzt bohrt er zwei Löcher für den Draht hinein.

Bobo darf die Drahtenden in die Löcher schieben.

Dann drückt Papa mit den Keksförmchen
schöne Formen in die Rübe.

Zum Schluss stellt Bobo die Kerze hinein.
Jetzt ist die Laterne fertig!

«Dann können wir jetzt zum Laternenumzug gehen», sagt Mama.
«Camille und Eloise warten schon im Auto.»

Onkel Alexander hat ein großes Auto, in dem alle Platz haben.
Bobos Kusinen haben auch ihre Laternen dabei.

Jetzt kann es losgehen.

Auf dem Weg zum Umzug singen alle Siebenschläfer
«Lasst uns froh und munter sein …».

In einem kleinen Ort halten sie bei der Kirche an. Alle steigen aus.
Nur Onkel Alexander muss noch einen Parkplatz suchen.

Es sind schon viele Kinder da.
Jetzt werden alle Kerzen angezündet.

Der Umzug
mit den vielen Lichtern
zieht in Richtung Wald.

Die Kinder singen «Ich geh mit meiner Laterne
und meine Laterne mit mir …».

Da kommen Sankt Nikolaus und Knecht Ruprecht aus dem Wald! Sie haben einen Esel dabei. Er trägt einen Sack auf seinem Rücken.

Alle zusammen ziehen jetzt ins Dorf zurück.

Auf dem Marktplatz bleibt der Umzug stehen.
Ein Mädchen bringt dem Esel eine Mohrrübe als Belohnung.

Endlich verteilt der Nikolaus die Geschenke aus seinem großen Sack.
Bobo bekommt natürlich auch etwas!

Was ist in dem
Säckchen drin?
Hmm, Mandarinen
und Nüsse!

Der Umzug ist zu Ende.
Alle fahren wieder nach Hause.

Zu Hause läuft Bobo
gleich in sein Zimmer.

Erst muss er seinen Hasen begrüßen.

Aber dann will Bobo nachsehen, ob der Wunschzettel
noch vor dem Fenster liegt.

Nein, er ist nicht mehr da.
Der Vogel muss ihn schon abgeholt haben!

Mama nimmt Bobo auf den Arm. Gemeinsam schauen sie in den dunklen Abendhimmel hinaus.

«Das war ein schöner Nikolaus-Umzug, nicht wahr, Bobo?», fragt Mama. Aber Bobo antwortet nicht.

Er ist schon gemütlich in Mamas Arm eingeschlafen.

Möchtest du wissen, wie Bobos Lieblingskekse schmecken? Dann bitte einen Erwachsenen, sie mit dir zu backen. Hier ist das Rezept:

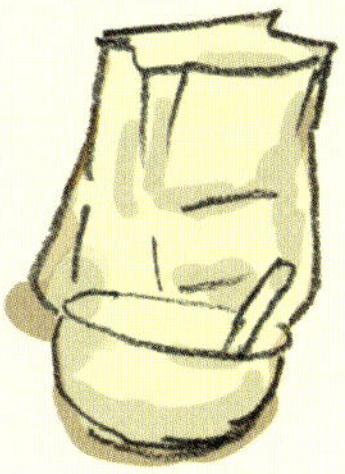

Das braucht ihr:

200 g Mehl
80 g Zucker
1 Pk. Vanillezucker
2 Eigelb
150 g Butter

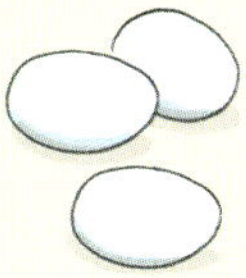

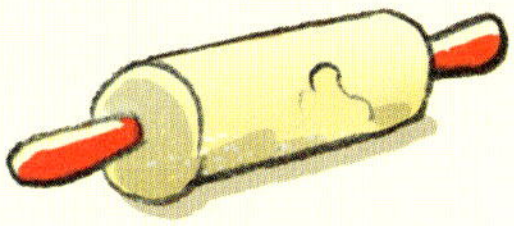

Für die Verzierung:

Puderzucker
Zitronensaft
evtl. Speisefarbe
Streusel, Smarties etc.

So geht es:

Mehl, Zucker, Vanillezucker, Eigelb und zimmerwarme, kleingeschnittene Butter zu einem festen Teig verkneten und dann 1 Stunde lang in den Kühlschrank stellen.

Den Ofen auf 175° (Umluft) vorheizen.
Ein Backblech mit Backpapier auslegen.
Den Teig durchkneten und auf einer bemehlten Oberfläche mit dem Nudelholz ausrollen. Kekse mit den Plätzchenformen ausstechen und auf das Backblech legen. 10 Minuten backen.
Ganz auskühlen lassen.

Kekse verzieren:

Puderzucker mit ein wenig Zitronensaft und evtl. Speisefarbe zu einer cremigen Masse verrühren.
Die Kekse damit bestreichen und verzieren.
Trocknen lassen und in einer Keksdose aufbewahren.

Fröhliche Weihnachten, Bobo!

Heute ist Heiligabend! Endlich darf Bobo das letzte Türchen vom Adventskalender öffnen.

Es ist das große Türchen mit der 24 darauf.

Es klingelt.
Das ist Onkel Alexander mit Camille und Eloise!

Sie wollen Papa und Bobo abholen,
um ins Weihnachtstheater zu gehen.

«Wir kommen gleich!», ruft Papa.
Papa und Bobo müssen sich noch warm anziehen.

Mama und Tante Sandra bleiben zu Hause.
Sie wollen schon das Abendessen vorbereiten.

In den letzten Tagen hat es gefroren. Ein paar Kinder schlittern auf einer selbstgemachten Eisbahn.

Hoppla! Papa ist ausgerutscht!
Es ist aber wirklich glatt.

Auf dem Weg zum Theater gehen sie über den Weihnachtsmarkt.
Oh, wie sieht es hier schön aus!

Papa kauft für alle heiße Kastanien.
Hmmm, die schmecken!

Onkel Alexander möchte seinen Kindern die Krippe
in der Kirche zeigen. Bobo und Papa gehen auch mit.

In der Kirche steht ein festlich geschmückter Weihnachtsbaum.
Davor ist die Krippe aufgebaut.

Die Hirten sind mit ihren Schafen da. Und die drei Weisen aus dem Morgenland sind mit ihren Kamelen gekommen.

Die Kinder dürfen eine Kerze anzünden.
Papa steckt das Geld in die kleine Kasse.

Draußen fängt es an zu schneien.
Bis zum Theater ist es nicht mehr weit.

Onkel Alexander holt die Eintrittskarten an der Kasse ab.

Dann setzen sich alle auf ihre Plätze.
Gleich wird die Weihnachtsgeschichte vorgespielt.

Jetzt wird es dunkel, und langsam geht der Vorhang auf.
Ein Hirtenjunge spielt auf seiner Flöte.

Ein Mann und eine Frau mit einem dicken Bauch
kommen auf die Bühne.

Es sind Maria und Josef auf
dem Weg nach Bethlehem.
Im Stall wird das
Jesuskind geboren.
Maria legt es in eine Krippe.

Die drei Weisen bringen Geschenke für das Jesuskind.
Die Hirten schauen mit ihren Schafen zu.

Jetzt ist das
Theaterstück zu Ende.
Bobo klatscht.
Camille und Eloise auch.

Alle gehen nach Hause. Bobo ist aufgeregt:
«Jetzt kommt die Bescherung!», sagt er.

Zu Hause öffnet Mama die Tür. «Ich glaube, gerade ist das Christkind hier gewesen!», sagt sie.

Schnell ziehen sich alle ihre Mäntel aus. Jetzt kann es losgehen!

Die Tür zum Wohnzimmer geht auf.
Die Kerzen am Weihnachtsbaum brennen.
Davor liegen die Geschenke.

Alle Siebenschläfer singen «O Tannenbaum …».
Dann ist Bescherung. Alle packen ihre Geschenke aus.

Oma hat ein schönes Halstuch bekommen.

Opa lacht, weil er eine große Wurst
geschenkt bekommen hat.

Bobo hat aber viele Geschenke bekommen!
Er sitzt in einem richtigen Papierhaufen.

Onkel Alexander baut mit Eloise
ein Puppenhaus zusammen.

Ein Teil fehlt. Wo kann es nur sein?
Vielleicht unter Bobos Papierhaufen?

Mama hilft auch mit suchen.

Papa kriecht sogar unter den Esstisch.
«Suchst du auch mit, Bobo?», fragt er.

Aber wo ist Bobo eigentlich?

Er ist glücklich zwischen seinen vielen Geschenken eingeschlafen.
Fröhliche Weihnachten, Bobo!

O Tannenbaum

ist Bobos Lieblings-Weihnachtslied.
Möchtest du mit ihm singen?
Dann findest du hier den Text und die Noten:

O Tannenbaum, o Tannenbaum,
wie grün sind deine Blätter!
Du grünst nicht nur zur Sommerzeit,
nein, auch im Winter, wenn es schneit.
O Tannenbaum, o Tannenbaum,
wie grün sind deine Blätter!

O Tannenbaum, o Tannenbaum,
du kannst mir sehr gefallen!
Wie oft hat schon zur Weihnachtszeit
ein Baum von dir mich hoch erfreut!
O Tannenbaum, o Tannenbaum,
du kannst mir sehr gefallen!

O Tannenbaum, o Tannenbaum,
dein Kleid will mich was lehren:
Die Hoffnung und Beständigkeit
gibt Trost und Kraft zu jeder Zeit.
O Tannenbaum, o Tannenbaum,
dein Kleid will mich was lehren.

F C F Gm C F
1. O Tan-nen-baum, o Tan-nen-baum, wie grün sind dei-ne Blät-ter! Du
F C C F
grünst nicht nur zur Som-mer-zeit, nein, auch im Win-ter, wenn es schneit. O
Dm C F Gm C F
Tan-nen-baum, o Tan-nen-baum, wie grün sind dei-ne Blät-ter.

Markus Osterwalder, geb. 1947 bei Zürich, war Graphiker bei einem Schulbuchverlag in Paris, dann bei einem Hamburger Verlag für die Zeitschrift «Akut». Er arbeitete als Layouter beim «ZEITmagazin» und war danach lange Jahre künstlerischer Leiter im Kinderbuchverlag «L'école des loisirs» in Paris. Markus Osterwalder ist Herausgeber des dreibändigen Illustratoren-Nachschlagewerkes «Dictionnaire des Illustrateurs 1800–1914» und lebt in Arcueil bei Paris.

Dorothée Böhlke, aufgewachsen in Frankfurt am Main und in Paris, studierte in Hamburg Illustration, wo sie seither lebt und arbeitet. Sie liebt Bilder und gute Geschichten und hat Bobo Siebenschläfer und seine Familie bereits fest in ihr Herz geschlossen.

Weitere Titel

Bobo Siebenschläfer: Die Bücher zur TV-Serie

Bobo Siebenschläfers neueste Abenteuer

Bobo Siebenschläfers allerneueste Abenteuer

Immer fröhlich mit Bobo Siebenschläfer

Bobo Siebenschläfer bekommt ein Geschwisterchen

Bobo Siebenschläfer. Ist doch gar nicht schlimm!

Bobo Siebenschläfer: Draußen ist es schön!

Bobo Siebenschläfer: Drinnen ist was los!

Bobo Siebenschläfer: Die Klassiker

Bobo Siebenschläfer

Bobo Siebenschläfer macht munter weiter

Bobo Siebenschläfer ist wieder da

Bobo Siebenschläfer wird nicht müde

Bobo Siebenschläfer: Neue Abenteuer

Fröhliche Weihnachten, Bobo Siebenschläfer!

Bobo Siebenschläfer: Viel Spaß im Kindergarten!

Bobo Siebenschläfer: Pappbilderbuch

Bobo am Meer

Bobo auf dem Spielplatz

Bobo bei Oma und Opa

Bobo feiert Weihnachten

Bobo geht einkaufen

Bobo im Zoo

Bobo in den Bergen

Die Rowohlt Verlage haben sich zu einer nachhaltigen Buchproduktion verpflichtet. Gemeinsam mit unseren Partnern und Lieferanten setzen wir uns für eine klimaneutrale Buchproduktion ein, die den Erwerb von Klimazertifikaten zur Kompensation des CO_2-Ausstoßes einschließt.
www.klimaneutralerverlag.de

FSC www.fsc.org
MIX
Papier aus verantwortungsvollen Quellen
FSC® C084279